Supongamos que me llamo X

Poemas del alma XIII

Poeta del desamor

Luís M. Cañegue

FSC
www.fsc.org
MIXTO
Papel procedente de
fuentes responsables
Paper from
responsible sources
FSC® C105338

Supongamos que me llamo X

Poemas del alma XIII

Poeta del desamor

Luis M. Cañeque

Luis Mariano Cañeque

Dedico este, mi tercer libro, por llamarlo de alguna manera, a las siguientes personas que han significado algo en mi vida:

A María Luisa de la Vega, que fue mi abuela, mi madre, mi mentora, que luchó por mí en los tiempos difíciles, lástima que se fuera tan temprano.

Que jamás leerá lo que escribo.

A Jesús Cañeque de la Vega, que fue mi padre, mi amigo, mi mentor, que me enseñó a vivir y a luchar por algo en esta vida, por los malos y buenos momentos que compartimos. Ahora estará descansando junto a sus padres.

Que jamás leerá lo que escribo.

A Mónica, mi único y gran amor, que está conmigo en todo momento, que me enseñó lo que es la felicidad, que es la mujer de mi vida y que siempre está conmigo cuando la necesito.

A Carlos, mi hijo, que es mi razón de vivir y luchar por algo en esta vida, para que no lo pase tan mal como lo pasé yo.

A todos los que estuvieron a mi lado en los momentos difíciles.

En San Sebastián de los Reyes

8 de Octubre del 2020

Prólogo

Todo lo que aquí se muestra, originalmente se escribió en cuadernos, paquetes de tabaco, servilletas de papel o cualquier cosa que sirviera para escribir con mi pluma Parker C45 con tinta negra.

Todo es fruto de mi imaginación y de mis experiencias personales.

Me inspiro en cosas tan sencillas y cotidianas como viajar en el metro, en un bar, en la calle...

Principalmente escribo para mí.

Es una recopilación de poemas sin sentido y relatos cortos, por llamarlos de alguna manera.

Esta tercera edición está totalmente reescrita, ampliada y corregido todos los fallos que había en la anterior.

Espero que, si alguna vez alguien lee esto, disfrute tanto como yo escribiéndolo.

No soy lo que escribo, soy lo que tu sientes al leerme.

La tinta es mi sangre. Mis letras mi voz.

Luis M. Cañeque

Poeta del desamor

A mi amor, mira que me costó hacer estos versos, por llamarlos de alguna manera.

Como decía Neruda:

«Los poetas de otro tiempo dispusieron rimas que sonaron como platería, cristal o cañonazos. Yo, con mucha humildad, hice estos sonetos de madera» .

Tú y yo caminando siempre juntos por los senderos del amor, la fidelidad y la felicidad.

Deseo, que, si alguna vez los lees, te gusten.

Luis M. Cañeque

Supongamos que me llamo X

Primera Parte

Poemas del alma

Poemas de amor

Más poemas

Supongamos que me llamo X

I

Eres

Eres el amor de mi vida; mi razón de ser.

Eres toda mi vida.

Eres todo mi amor.

Todo mi universo gira entorno a ti.

Eres toda mi pasión.

No me sale un solo verso que me rime, porque siempre estoy pensando en ti.

Eres toda mi vida.

Eres todo mi amor.

Aunque seas tan fría y gélida y jamás hayas expresado tus sentimientos hacia mí.

Eres toda mi vida.

Eres toda mi pasión.

Eres las estrellas que guían mi destino.

Eres el poema que jamás supe escribir y esta, mi vida contigo, es la historia que siempre quise escribir.

Me haces falta como la luna al sol, todos los días en todo momento.

No puedo vivir sin tenerte a mi vera.

Eres el sol que me ilumina cada mañana.

Eres la luna que me acompaña en las madrugadas.

Eres toda mi vida.

Todo mi amor tuyo es; eso bien lo sabes tú.

Me pierdo en tu mirada, en tus profundos ojos castaños.

Me pierdo en tus rojos labios.

Eres toda mi vida.

La gran pasión de mi existencia, eres tú.

Todo mi amor tuyo es.

Sin tu presencia mi vida no tiene sentido.

Me enamoré de ti como cuando uno duerme, primero lentamente, después completamente.

Simple y llanamente TE AMO.

I I

La vez primera que te vi

Era una noche fría de primavera cuando te conocí.

Desde el primer momento que te vi de ti me enamoré.

Aquella vez primera que te vi mi corazón ,

de nuevo empezó a latir.

Tus ojos me enamoraron

Tus labios me embaucaron.

En el primer instante que te vi mi vida te entregué.

La vez primera que te vi el amor volví a sentir.

La vez primera que te besé mi alma te entregué.

III

El primer amor

El primer amor, la primera pasión, eso jamás se olvidará.

Ella estaba sentada en un banco de la plaza del ayuntamiento de San Sebastián de los Reyes, con sus amigas, resaltaba sobre las demás.

Él estaba en otro banco, lejos de ella, desde la distancia sólo con la mirada, en ese mismo instante se enamoró .

Su cobardía le impedía hablar con ella

Y pasaron muchos fines de semana, viéndose los sábados y domingos, en la distancia.

Hasta que un día, perdió la timidez y se decidió a hablar con ella.

Era una tarde fría de otoño cuando la conoció, se enamoraron y empezaron a salir.

Amor de juventud.

El primer amor, el primer beso, el primer abrazo, las primeras caricias, el primer :

- « TE AMO » , eso jamás se olvidará.

Solo tú, si alguna vez lees esto, sabes quién eres.

Supongamos que me llamo X

I V

¿ Por qué ?

¿ Por qué jamás me has dicho que me amas?

Eres demasiado fría, directamente pasas de mí.

Sólo y exclusivamente piensas en ti,

eres demasiado egocéntrica.

Tú jamás me has dicho que me amas.

Tú jamás me has dicho que me quieres.

Tú jamás has expresado tus sentimientos hacia mí.

Eres fría.

Yo te amo de verdad, lo sabes.

Te adoro e idolatro con todo mi ser.

Eres toda mi vida.

Todo mi universo gira entorno a ti.

Eso tú lo sabes.

Pero jamás, nunca has expresado lo que sientes hacia mí.

Eres gélida.

¿ Por qué nunca jamás has expresado tus sentimientos hacia mí ? .

Sabes, de sobra, mis sentimientos hacia ti.

Pero yo me tengo que imaginar los tuyos hacia mí.

V

A tu vera

A tu vera aprendí lo que es el amor verdadero.

Si no estás a mi lado mi vida no tiene sentido y me siento solo.

A tu vera, cariñito mío, soy el hombre mas inmensamente feliz del universo entero.

Amor mio, a tu vera siempre por toda la eternidad deseo estar.

Me has hecho conocer el amor verdadero.

A tu vera deseo despertar cada mañana por toda la eternidad.

Si ti no soy nada.

VI

Sueño contigo

Después de tantos años aún sueño contigo.

No se que me diste.

Yo que pensaba que te había olvidado.

Hoy me he dado cuenta que sigues viviendo en lo más profundo de mi ser.

Aún; en lo más profundo de mi alma estás presente.

Sueño contigo cada noche.

Que estamos juntos, que estamos enamorados, que somos felices.

Será porque fuiste el primer amor, el primer dolor, la primera pasión, los primeros besos, las primeras caricias.

Cada vez que te veo mi corazón se acelera y me sube el rubor a la cara.

No se que me diste, pero sueño cada noche contigo.

Te quise, te quiero y siempre te amaré.

Llevo en mi corazón la daga de tu amor clavada.

Todas las puertas se han cerrado, desde aquel ayer en el que perdí, en el que te tenía a ti.

Aunque me vuelva a enamorar en mi mente siempre estarás.

Cada noche sueño contigo.

VII

El Ángel

El Ángel más hermoso del cielo.

Se me apareció una noche templada de Abril.

Me juró amor eterno.

Eres tú mi Ángel, mi pasión, mi amor.

El Ángel más hermoso del cielo me hizo sentir el amor verdadero.

Eres tú mi Ángel sin ti no puedo vivir.

No sabes cuanto te amo.

Jamás, nunca te dejaré.

Bajaste sólo para hacerme feliz.

El Ángel más maravilloso del cielo hizo
que no pudiera expresar mis sentimientos.

VIII

Declaración de amor

Para Mónica, mi único, enormísimo, sempiterno amor.

Eres el más bello ángel caído del cielo.

Me enamoré de ti locamente la vez primera que te vi.

Desde aquel momento, por vez primera en mi vida, cada segundo que pasa me enamoro más loquísimamente de ti.

TE ADORO.

¡ Que lindo y maravilloso es el haberte conocido y de ti locamente haberme enamorado !

Me has enseñado lo que es la felicidad completa y el amor verdadero.

TE AMO.

Mónica eres la mujer de mi vida, mi único, enormísimo, sempiterno amor eres tu.

A tu vera soy el hombre más inmensamente feliz del universo entero, por toda la eternidad a tu lado deseo estar y juntos caminar por los senderos del amor, la fidelidad y la felicidad.

Eres mi razón de vivir.

Lo eres todo para mi.

No puedo vivir si no estás a mi vera.

Eres tu mi único y gran amor.

¡Cuánto te amo! ¡Cuánto te echo de menos!

Eso tu nunca, jamás lo sabrás, ni imaginarás hasta que punto llega mi amor por ti.

Te amo, te adoro. te idolatro.

De noche y día pienso en ti, a todas horas cari.

Sin ti me creo morir.

Te amo de día y de noche.

Tus ojos, tu pelo y tu sonrisa me cautivaron.

Todo en ti me enamoró.

Te amo noche y día.

Simple y llanamente TE AMO MÓNICA.

Te amo, te necesito, no puedo vivir sin ti.

¿Que mas puedes pedir?

8 DE Abril DE 2000

IX

Amor platónico

No sé si puedo pedir más de lo que debo.

No sé si debo pedir algo más de lo que me quieras dar.

Necesito tu amor, tu comprensión, tu calor, tus besos,
tus abrazos.

No puedo ya ni escribir, mi musa me ha abandonado.

Todo se me hace cuesta arriba si tú no estás a mi lado.

Siento que pierdo todos mis sueños, todas mis ilusiones.

Mónica Te Amo, mi corazón siempre contigo estará.

Lamento de veras no saber demostrar mi amor por ti.

No dudes, ni un sólo instante que te amo como jamás amé.

Sin ti no quiero vivir.

Hoy se abrió una puerta nueva cuando de ti me enamoré

Mi alma y mi corazón llegaron a un bello puerto.

Hoy un nuevo rayo de esperanza ha entrado en mi corazón e
iluminado mi alma.

En mi mente sólo oigo Mónica...

8 DE ABRIL DE 2000

X

Mónica

Me he enamorado locamente de tí.

Hoy me has dicho que si.

Lo que me hiciste sentir,

yo jamás sentí.

Tímidamente, por un instante, bajé la mirada,

me acobardé.

No tuve el valor de rozar tu piel, de besar tus labios rojos,

con los que tanto soñé.

Esto es un sueño hecho realidad.

No me despiertes, déjame soñar...

8 DE ABRIL DEL 2000

XI

Yo quisiera

Yo quisiera cariño mío tantas cosas
que no se por donde empezar.

Yo quisiera amor mío estar siempre a tu vera.

Yo quisiera tesoro mío ser la sombra que te acompaña noche y día.

Yo quisiera ser tu gran amor.

Yo quisiera ser el sol que cada mañana tu bello rostro baña.

Yo quisiera ser el viento que te acaricia el rostro y te revuelve el pelo.

Quisiera ser poeta para escribirte un millón de versos y sonetos de amor.

Quisiera ser trovador para cantarte un billón de trovas de amor.

5 DE MAYO DEL 2000

XII

Amor verdadero

Tu sonrisa me alegra el corazón.

Tus ojos me hacen perder la razón.

Tus labios encienden mi pasión.

Tu pelo baila al viento con mi excitación.

¡Ven aquí! ¡Quiéreme!

¡Ven aquí! ¡Ámame!

No lo dudes mi vida.

¡Ven a mí!

Mónica desde que te conocí mi corazón empezó a latir, se me encendió la llama del amor.

Me has hecho ser un trovador en busca de su verso; juglar en tus sueños, buscando su rima de amor para tí.

¡Ven aquí! ¡Ámame!

¡Ven aquí! ¡Quiéreme!

No lo dudes mi vida.

¡Ven a mí!

15 DE MAYO DEL 2000

XIII

No estás aquí

La noche está fría y gris.

El amanecer está viniendo y me trae recuerdos de tí.

Recuerdos de amor.

Recuerdo de pasión.

Y mientras tanto:

-Mis ojos buscan tus ojos.

-Mi piel busca tu piel.

-Mis besos buscan tus besos.

-Mi ser busca tu ser.

Y tú no estás aquí.

¡Qué lindo sería despertarme cada mañana a tu vera!

¡Qué bonito sería a tu vera siempre estar!

¡Qué lindo sería que tú me amases como yo te amo!

8 DE MAYO DE 2002

XIV

Magia

La magia te está esperando.

La magia del amor.

Lucha por conseguirlo.

Verás como un día lo encontrarás.

La magia te está esperando.

La magia del amor.

Sólo se vive una vez.

Vive intensamente.

No te compliques con tonterías.

La magia te está esperando.

La magia del amor.

XV

La virgen del Rocío

La virgen del Rocío fue, con su muda mirada, testigo de nuestro loco amor.

De este amor sin medida.

De esta fiera locura.

De esos apasionados besos.

De esas tiernas caricias.

De esos mimos y cariños...

Con la virgen del Rocío por testigo, nos amamos con pasión encendida y los nervios a flor de piel.

Ella fue nuestra único testigo de este, nuestro loco amor.

Con la virgen del Rocío por testigo, acaricié tu dulce piel, compartimos penas y alegrías, lloramos, reímos y nos amamos.

Pongo a la virgen del Rocío por testigo que mi amor por tí es puro, es grande, sencillo y sincero.

Que vivir sin tí no puedo.

Que eres el aire que respiro.

XVI

Hechicera

Hechicera de ojos oscuros.

Tú me enseñaste a sentir.

Maga blanca del amor puro.

Tú me enseñaste a vivir.

Hechicera de ojos oscuros.

Tú me enseñaste a amar.

Maga blanca del amor puro.

Tú me hiciste vibrar.

Hechicera de ojos oscuros.

Maga blanca del amor puro.

Tú me hiciste soñar.

Tú me hiciste amar.

Hechicera de ojos oscuros.

Tú me enseñaste la felicidad.

Maga blanca del amor puro.

Tú me enseñaste la fidelidad.

Hechicera de ojos oscuros.

Maga blanca del amor puro.

Tú me robaste el corazón.

Tú me robaste la razón.

Hechicera de ojos oscuros.

Tú me hiciste temblar.

Maga blanca del amor puro.

Tú me hiciste gozar.

Hechicera de ojos oscuros

Maga blanca del amor puro.

Hechicera de mi corazón.

Maga blanca del amor puro.

Hechicera de ojos oscuros.

XVII

Eres mi musa

Eres mi musa, mi inspiración.

Eres mi musa, mi único y gran amor.

Eres mi musa, mi inspiración.

Eres mi musa, mi gran pasión.

Eres mi musa, mi inspiración.

Eres mi musa, mi razón de existir.

Eres mi musa, mi inspiración.

Eres mi musa, todo mi universo gira en torno a ti.

Eres mi musa, mi inspiración.

Eres mi musa, mí único, gran y eterno amor.

Eres mi musa, mi inspiración.

Eres mi musa, la dueña de mi alma.

Eres mi musa, mi inspiración.

Eres mi musa, eres todo mi amor.

Eres mi musa, mi inspiración.

Eres mi musa, todo mi mundo eres tu.

Eres mi musa, mi inspiración.

Eres tú mi musa.

XVIII

¡ Qué bonito sería amanecer cada mañana a tu vera !

¡ Qué bonito sería estar siempre a tu vera !

¡ Qué lindo y maravilloso es el amor !

¡ Qué bonito es el haberte conocido y de ti locamente
haberme enamorado !

¡ Qué bonito es el amor !

¡ Qué bonita es la pasión !

¡ Qué bonito es el haber conocido el amor !

¡ Qué lindo y maravilloso es sentirse amado !

¡ Qué bonito es el futuro junto a ti !

¡ Qué bonito es el sentir el calor de tu cuerpo junto al mio !

¡ Qué bonito es mirar tus ojos y enamorarme más locamente de ti
cada vez los miro !

¡ Qué bonito es besar tus labios rojos !

¡ Qué maravilloso es el amarte de verdad !

¡ Qué lindo es que me hayas enseñado a amar !

¡ Qué bonito es compartir tu vida !

¡ Qué bonito es el amor !

¡ Qué bonita es la felicidad y la fidelidad !

¡ Qué bonito es estar a tu vera !

¡ Qué bonito es el amor !

¡ Qué bonito es el haberte conocido !

¡ Qué bonito es el haberme enseñado a amar !

¡ Qué bonito es el amor !

¡ Qué bonita es la felicidad !

XIX

Versos sin nombre

Soy un poeta soñador, que no sabe componer versos de amor.

Vivo en un mundo de sueños, donde la ficción y la realidad se confunden.

Vivo en mi fantasía.

Vivo enamorado de tí.

Soy como un trovador en busca de su verso, juglar en tus sueños, buscando su rima de amor para tí...

Quisiera escribirte un oda de amor, no se por dónde empezar.

Podría decir:

-El sol se ocultaba en el horizonte cuando quise reflejar mis sentimientos hacia tí...

Y sólo me sale:

-Te adoro, te amo, te necesito...

Escribo versos sin sentido, que sé que jamás leerás.

Secretos del alma, secretos del corazón.

Vivo en mi fantasía.

Vivo enamorado de tí.

XX

Poesía

Que, ¿Qué es la poesía?

Poesía, mi cielo, eres tú.

Poesía es poder besar tus labios rojos
con ternura, con pasión.

Poesía son tus labios
cuando me dices que me amas.

Poesía eres tú mi amor.

Poesía es la pasión de tus abrazos.

Poesía son tus besos.

Poesía es tu dulce rostro cuando me miras.

Poesía eres tú, mi tesoro.

Poesía, ¿Qué es la poesía?

Poesía es el haberte conocido y haberme enseñado a amar.

Poesía es el sentir el calor de tu cuerpo cada mañana
al despertar.

Poesía, mi vida, eres tú.

XXI

Veintiuna palabras

En once palabras te voy a describir Mónica.

Tú eres:

-Graciosa, discreta, simpática, espectacular, inolvidable,
inteligente, desenfadada, deliciosa, coqueta, apasionada,
simpática…

En diez palabras te voy a decir los que siento por ti:

-Amor, pasión, frenesí, dolor, alegría, sexo, tristeza, ternura,
comprensión, cariño…

XXII

Amor

Te amo y te necesito como las flores la luz del sol.

Te amo y te necesito, lo eres todo para mí.

Te amo y te necesito,no puedo vivir sin tu amor...

Te amo, te necesito y te deseo como el aire que respiro.

Te amo, te necesito y te deseo como las flores la luz del sol.

XXIII

Tú

Tú maravillosa mujer, mi primer amor.

Tú mujer inolvidable, mi único y gran amor.

Tus labios rojos como la sangre que me corre por las venas.

Tu perfecta boca, tus blancos dientes como la luna llena de verano.

Tú me enseñaste a vivir.

Tú me enseñaste a amar.

Tú me enseñaste la felicidad...

... Pero jamás me enseñaste como se vive sin tí.

XXIV

Tú... Yo...

Tú tienes la alegría, yo tengo la tristeza.

Tú tienes el amor, yo tengo la pasión.

Tú tienes el recatamiento, yo tengo el frenesí.

Pero en el fondo nos compenetramos.

Tú tienes lo que a mi me falta.

Yo tengo lo que te falta a tí.

XXV

Sin llamar

Sin llamar.

Sigilosamente has entrado en mi vida y en mi corazón.

Has penetrado en mi razón, en mis secretos, en la más hondo de mi.

Sin llamar.

Rápidamente, sin saber como, me has hecho vivir.

Sin llamar...

Por favor no me rompas nunca el corazón.

Tienes tú la llave que me abre a mí.

Sin llamar...Sin llamar...Sin llamar...

XXVI

Carta de amor jamás mandada

Hola mi amor.

Como te dije el otro día, no me conoces cuando me pongo a escribir; soy demasiado tímido hablando; espero que sólo lo leas tú, si alguna vez lo lees.

*Por tí:

Te quiero, te necesito, no puedo vivir sin tí.

¿Qué más puedes pedir?

Eres muy especial para mí, por favor déjame pensar en tí...

...Quisiera ser la almohada donde duermes para sentir tus caricias...

...Quiero ser el manjar que comes para estar dentro de tí...

Cobíjame entre tus brazos, pues quiero sentir tu calor.

Dame tu amor, que el mío ya te lo he dado.

Nuestro amor es puro.

Nuestro amor es grande.

Nuestro amor llega a un punto muy distante...

...y al pensar en tí me he dado cuenta:

- ¡¡ ME HE ENAMORADO LOCAMENTE DE TÍ !!

Ahora, cada vez que pienso en nosotros, me quedo anonadado.

Es bonito ¿No?

Esta es otra "Poesía" que se ocurrió esta tarde:

Todo mi mundo eres tú.

Eres parte de mi ser.

Toda mi vida eres tú.

No puedo vivir sin tí.

No puedo estar, ni un sólo segundo, sin tí.

Te necesito para vivir.

Tú eres el amor de mi vida.

Todo mi mundo eres tú.

Te quiero con locura.

Toda mi vida eres tú.

Deseo estar siempre a tu lado, no separarnos jamás.

Todo mi mundo eres tú.

Toda mi vida eres tú.

Si te soy sincero, siempre lo soy, quitando el libro de "Poemas" del desamor y de las cosas malas de la vida, hacia tres años o más que no se me ocurría ninguna poesía, ni tenía ganas de escribir, mi musa me abandonó, gracias por devolverme a mi musa, que eres tú.

¿Por qué será?

Será porque me enamorado locamente de tí...

...Y aunque parezca mentira. Es verdad.

Te quise, te quiero y siempre te querré como jamás he amado a nadie.

Espero y deseo que lo nuestro dure eternamente.

Aunque sea empalagoso y repetitivo:

ESTOY LOCAMENTE ENAMORADO DE TÍ MONI.

Mónica te amo más que a nada en este mundo.

XXVII

Porque será

Porque será que te quiero.

Porque será que te amo.

Porque será que no te olvido.

Porque será que siempre en mi mente estás presente.

Porque será que sueño contigo

y al despertar no estás a mi lado.

Darlo todo por ti gustoso lo haría,

pero no me pidas que te olvide, porque no podría.

EL DESEO

XXVIII

Deseo

Deseo perderme en tu cintura, en tu manera de besar,
en tus oscuros ojos, en tu manera de amar.

Quiero perderme dentro de ti.

Estar dentro de ti, sintiendo de tu cuerpo el calor,
besando cara poro de tu piel.

Fundirnos en un solo cuerpo, en una sola alma, en una
sola piel.

Fundirnos en un solo ser.

¡Amor dame el cálido y dulce néctar
de tu cuerpo de mujer!

Dame el dulce y cálido néctar
de tus entrañas de mujer.

Deseo hacerte mía y quiero que tuyo me hagas.

Gocemos juntos hasta el amanecer.

XXIX

Tu fuego

Un fuego arrasador recorre todo mi ser.

Un fuego asolador recorre toda mi alma.

Un fuego que me arde el corazón cuando estás a mi vera.

Un fuego que me abrasa la razón cuando te alejas de mi.

Porque lo mío hacia ti es un amor ardoroso, que enciende mi pasión cuando noto de tu cuerpo el calor.

XXX

Navegar

Llegando a la costa de tu piel.
Derivando por la calma, sorteando la tempestad,
navegando por tu cuerpo.
Navegando por el mar embravecido de tu amor.
Navegando por la tempestad de la pasión.
Amando con locura y frenesí.
Navegando por el mar embravecido de tu piel.
Derivando a la calma al despertar
y junto a ti navegar por el amor y soñar.
Sentir la calma al despertar.

SEGUNDA PARTE

Poesías de la vida.

XXXI

Libertad

¿La conoces?

¿La has visto?

¿Te acuerdas?

No, no es fácil recordar.

Si por meterme en tu alma consiguiera libertad,

me metería muy dentro para poderte amar.

Son dos palabras muy hermosas amor y Libertad.

Quisiera ser Libre como aquella estrella dorada o

como aquella otra fugaz.

Quiero ser libre como ese pajarillo que vuela sin rumbo fijo.

Quiero ser libre como ese rio que va hacia el mar.

Quiero ser libre, libre, libre...

Libertad divino tesoro, como dijo aquel.

Libertad e independencia.

No quiero que nada me ate a este mundo,

a no ser el amor.

Libertad e independencia.

Almería a 5 de Abril de 1982

XXXII

Sueños

Sueños de grandeza tienes tú.

Sueñas con tener coches un montón, dos pisos y una casa
en la sierra.

Sueñas con poseer grandes cantidades del vil metal; siendo,
como eres un pobretón.

No te das cuenta de lo que tienes.

Tienes algo que mucha gente no tendrá jamás.

Tienes a una persona que te quiere de verdad.

Tienes el amor.

Y esos muchos no lo conocerán.

4 DE ENERO DE 1992

XXXIII

Rimas sin sentido

La sentencia está echada.

Juez y defensor.

Juez y ejecutor.

Abogado y fiscal.

Mi padre, por la bebida, siempre fue así.

La soledad le acompañó toda su existencia.

La muerte le rondaba a cada instante.

Un ultimátum sin sentido.

Borracho perdido.

Con su amiga la botella

y sus compañeros alcohol y desesperación.

4 de Enero de 1992

XXXII

La lluvia

Otra noche lloviendo, el chaparrón ya está aquí; camino bajo el aguacero, camino sobre el asfalto frío y gris, camino sin saber a donde ir.

Camino sin prisa, nadie me espera; ando despacio sin rumbo fijo, la cabeza llena de pensamientos, los ojos llorosos, con cada lágrima un sueño cae. ¿Qué más da?

Sueños...¿Que sueños?...

Sueños de un futuro feliz, una vida contigo...

...«Pero los sueños, sueños son»... Como dijo Calderón de la Barca.

Estoy bajo la lluvia sólo, sin amigos, sin familia, sin cariño, sin calor, sin amor.

Estoy empapado hasta los huesos, pero que más da,

(Luego vendrán los resfriados) pero que más da.

Calado hasta el alma, pero que más da.

Sigue lloviendo y el alba viene ya; amanece y la noche queda atrás.

Amanece y la luz pelea con las tinieblas hasta vencerlas, así un día tras otro...

Pero yo no hago que esa luz venza a las tinieblas de mi alma, a las tinieblas de mi vida.

Me espera otro día más sólo, sin comprensión, sin amor, sin calor, sin sueños.

Parece que la lluvia no me quiere abandonar.

Siempre llueve cuando tengo que pensar, cuando intento llorar, cuando intento gritar:

-¡¡¡¡¡BASTA!!!!!!!!!!!!!

Bajo la lluvia veo la gente pasar deprisa y alegre junto a mi melancolía y yo.

Día gris, con lluvia, que tendrás que me dejo envolver por tí y me haces pensar en locuras imposibles, en sueños de amor, en una vida feliz...

Mira voy a dejar de escribir y seguiré encadenado a mis pensamientos y mis sueños.

8/9 de Octubre de 1993

XXXV

¿ Dónde está la luz?

¿ Dónde está la luz ?

¿ Dónde está tu piel ?

¿ Dónde está el amor ?

¿ Dónde está el dolor ?

¿ Dónde está el final

de este túnel de amargura

que alguna vez me conducirá

a conocer la felicidad ?

¿ Dónde está la luz

que me hará despertar

de esta pesadilla

de estar sin ti ?

¿ Dónde está la luz ?

¿ Dónde está el amor ?

¿ Dónde acaba el dolor ?

¿ Dónde está la luz ?

¿ Dónde está mi fe ?

¿ Dónde está mi sol ?

¿ Dónde está la luz ?

¿ Dónde está el querer ?

Supongamos que me llamo X

¿ Dónde está la luz ?

¿ Dónde está la paz ?

¿ Dónde está el amor

que no consigo encontrar,

tan escondido está ?

¿ Dónde está la luz ?

¿ Dónde está tu piel ?

¿ Dónde está el amor ?

26 de Octubre de 1993

XXXVI

Canción sin sentido

-¿Qué buscas ? :

-Una mirada.

-¿Qué persigues? :

-Una pasión.

-¿Cuál es tu fin? :

-Hacer sufrir al hombre y a la mujer.

-¿Cuál es tu nombre? :

-Dolor.

-¿Cuál es tu apellido? :

-Desesperación.

-¿Quién eres? :

-EL AMOR.

10 de Abril de 1999

XXXVII

Caminando

Caminando por mi pueblo, solo, sin rumbo fijo, sin dirección.

Las manos en el bolsillo, siempre mirando al suelo, enciendes un cigarrillo (No paras de fumar).

Desde pequeño buscaste tu identidad, tu independencia y tu propia vida.

Y ahora...¿Qué tienes?

Una casa vacía y fría.

Un lecho frío y solitario.

Ahora tienes vídeo, televisión en color y un equipo de música estereofónico.

¿De que te sirve cuando no amas?

¿De que te sirve si no conoces el amor?

Tu vida debe cambiar.

De pequeño deseabas triunfar.

Deseabas tener un coche veloz, una buena casa de lujo, con muchos muebles, librerías repletas de libros y todos los adelantos tecnológicos.

Tenías sed de libertad económica.

Pero ya te has desilusionado

La cabeza has sentado.

Deseas una compañera en tu vida.

Alguien que te dé su amor.

Pues no te eches atrás.

Guarda esos caros trajes, alegra esa cara.

Ponte ropa normal, se como casi toda la gente, (No te creas superior).

LUCHA, BUSCA Y ENCONTRARÁS EL AMOR.

LUCHA, BUSCA Y LA ENCONTRARÁS.

XXXVIII

Soñar

¿Pero otra vez estoy soñando despierto?

Así me encuentro a mí mismo.

Me gusta soñar porque me hace feliz.

Me gusta soñar porque odio este asqueroso mundo
que nos rodea y en el que vivimos.

Me gusta soñar porque en mis sueños me siento realizado.

Me gusta soñar, aunque a ti no te guste.

Me gusta soñar porque en ese estado no soy yo mismo
si no lo que quisiera ser y jamás seré.

Me gusta soñar porque, aunque no sea así, veo el mundo
de color de rosa.

Me gusta soñar porque en mis sueños soy lo que jamás
seré.

XXXIX

Me encanta la lluvia

Me encanta la lluvia, no sé por qué.

Cuando oigo el agua caer mi imaginación hecha a volar

y pienso:

-Que a gusto se estaría cerca de una estufa de leña, de las que quedan pocas ya; estar cerca del fuego, que las llamas te abracen con sus cálidos brazos mientras escuchas buena música a un volumen muy bajo y hablas de amor con la persona a la que amas.

Me encanta la lluvia y las frías y largas noches de invierno, que me traen recuerdos de un triste pasado, que me traen recuerdos de tiempos en los que mi vida no tenía sentido, porque no te tenía a ti.

Recuerdos de tiempos en los que el amor, para mí, era cosa de las novelas, en los que el amor no se cruzaba en mi camino, pero ahora te tengo a ti.

Me encanta la lluvia e imaginarme un futuro junto a ti.

Me encanta la lluvia porque me trae los buenos recuerdos de los tiempos felices en los que nos queríamos y juntos reíamos.

Me encanta la lluvia porque borra los tristes y amargos recuerdos.

Poeta del Desamor

Me encanta la lluvia, pero llueva o haga sol, no deseo perderte.

La noche está fría y gris.

El anochecer está viniendo y me trae recuerdos de ti.

Recuerdos de amor.

Recuerdos de pasión.

Y mientras tanto:

-Mis ojos buscan tus ojos.

-Mi piel busca tu piel.

-Mi amor busca tu amor.

-Mis besos buscan tus besos.

-Mi ser busca tu ser.

Y tú no estás aquí.

¡Qué lindo sería despertarme cada mañana a tu vera!

¡Qué bonito sería a tu vera siempre estar!

¡Qué lindo sería que tú me amases como yo te amo!

15 de mayo del 2002

XL

Nómada por la vida

Nómada por la vida.

Vagando por el amor,

sin pedir nunca perdón.

Amar es jamás decir " LO SIENTO".

Nómada por la vida.

Vagando sin rumbo fijo.

Nómada por la vida.

Vagando sin ningún hogar.

Nómada por la vida.

Sólo sin cariño, sin amor.

Nadie jamás te quiso

y tú amaste de verdad.

El corazón entregaste

y la puñalada por detrás te llevaste.

El amor te hizo grande.

El amor te hizo llorar.

Nómada por la vida.

Sólo sin calor, jamás oíste un "TE QUIERO".

Y la primera vez que te lo dijeron no supiste reaccionar.

Nómada por la vida.

Corazón herido.

Vida sin sentido.

Nómada por la vida.

Las estrellas hoy por tí brillarán.

Nómada por la vida.

Vagando por el amor y el desamor.

Un cigarrillo, una copa y aire fresco

te bastan para sobrevivir.

Nómada por la vida.

Vida sin sentido.

Poeta del desamor.

Corazón herido.

Nómada por la vida.

Vagabundo urbano.

No mereces a esa persona que te dice:

-"TE AMO".

Seguro que al final la perderás.

No sabes luchar por lo que amas.

Los celos pueden contigo.

No defiendes lo que amas.

No sabes andar por el amor.

Nómada por la vida.

Vagando en el amor.

Sin familia, sin futuro.

Nómada por la vida.

Poeta del desamor.

Corazón herido.

Vida sin sentido.

Nómada por la vida.

Te tocó vivir una fría, cruda y maldita realidad.

Nómada por la vida.

Sé que, al final, a la persona que te ama

la harás sufrir, y no es plan.

Nómada por la vida.

No llores más.

En el amor de nada sirve llorar.

Nómada por la vida.

Corazón herido.

Poeta del desamor.

Vida sin sentido.

Plántale cara a esta absurda realidad.

Replantea tu vida.

Empieza otra vez de cero.

Poeta del desamor

Intenta hacer feliz a tu amor.

Nómada por la vida.

Poeta del desamor.

Corazón herido.

Vida sin sentido.

Nómada por la vida

25-26 de Julio del 2002

XLI

Cuando todo va mal

Cuando todo va mal.

Cuando todo va bien.

Tienes a tus amigos, llora en su hombro, coge su mano.

Corre, sonríe y sé feliz.

Que para eso están tus amigos aquí, para sufrir contigo.

No sólo están para los buenos y divertidos momentos riendo.

Si hay que llorar todos lloramos contigo.

Cuando todo va mal.

Cuando todo va bien.

Siempre están tus amigos para contar con ellos.

XLII

Corazón de tinta

Se crió entre libros, estos fueron siempre su única compañía.

Corazón de tinta, alma de libro.

Sangre de poeta, alma de letra.

Corazón de lector, alma de papel.

Enamorado de los libros de terror.

Alma de poesía, corazón de papel.

Vivió y vivirá enésimas vidas y aventuras.

Su única compañía son y siempre serán los libros.

Corazón de tinta, sangre de poeta.

Enamorado de los libros clásicos, de intriga y novela negra.

Alma de libro.

Corazón de papel.

Los libros fueron y siempre serán su única compañía.

XLI

No sufras más

Cuando el amor te abandona.

No sufras más.

Lo pasado, pasado está.

Déjalo estar.

No, no sufras más.

Que aquí están tus amigos que se preocupan por ti;

que se desviven por ti.

Tus amigos que sólo quieren que seas feliz,

que mires a la vida de frente.

Sólo quieren que vivas el día de hoy

y mires el futuro con optimismo.

No, no sufras más.

El alcohol no ahogará tus penas.

El alcohol no te arreglará la vida.

Tienes padres y amigos.

Todo nuestro amor, si lo quieres, tuyo será.

No, no sufras más.

Que otro amor llegará.

XLIV

La pintora

Una mañana viajando en el metro de Madrid la vi,
me cautivó.

Tierna sonrisa, blanca cara, ágiles manos.

La pintora, chica embaucadora.

La pintora, chica encantadora.

Pelo rojo, ojos verdes, labios rojos.

Bolso hippie.

Trazos ágiles y frágiles hay en ti.

La pintora centro de atención.

La pintora tierna compañía.

XLV

Cuando el amor se apaga

Cuando se apaga el amor.

La noche no termina y es noche la mañana.

Cuando el amor se apaga.

Las manos son palomas muertas en la madrugada.

Cuando se apaga el amor.

El corazón se cierra con siete llaves lagrimadas.

Cuando el amor se apaga.

Sobran los besos de otros días ya ceniza helada.

Cuando se apaga el amor...

Cuando el amor se apaga...

XLVI

Otra noche sin ti

Otra noche sin ti.

Otra noche sin tu amor.

Otra noche sin ti.

Otra noche sin tu calor.

Otra noche sin ti.

Otra noche sin tus palabras.

Otra noche sin ti.

Otra noche sin tus besos.

Otra noche sin ti.

Otra noche sin tus caricias.

Otra noche sin ti.

Otra noche sin tu ardor.

Otra noche sin ti.

Otra noche sin tu amor.

Otra noche con tu dulce nombre
grabado a fuego en mi corazón.

Otra noche sin ti...

XLVII

No sé

No sé de donde vengo.

No sé a donde voy.

Lo cierto es que ya no quiero vivir.

Estoy cansado de cansar tanto dolor.

Se me olvidó lo que es el amor.

No tengo fuerzas para vivir.

Me falta el valor para tomar tan drástica decisión.

No sé de donde vengo.

No sé hacia donde voy.

Vivir ¿Para qué?

Vivir para sufrir.

Vivir para hacer daño.

(Que aunque no rime, me apaño).

No quiero seguir adelante,

sin algo por lo que luchar.

No tengo razón para vivir.

No quiero, no puedo seguir así...

XLVIII

¿Te acuerdas?

No hay nada mejor que el amor que nace en los bancos de los parques y que sobrevive bajo la luna llena en una noche clara.

¿Te acuerdas?

Esas parejas que buscábamos los bancos más escondidos y menos iluminados para hablar de amor y de planes para el futuro, que elegíamos a la luna llena para que fuera nuestra única testigo.

¿Te acuerdas?

Pasión, dolor, risas, llantos, amor...

Para todos hay momentos bajo la atenta mirada de la luna llena.

¿ Te acuerdas de aquel día lejano en el que me juraste amor eterno y fidelidad?

¿Te acuerdas de aquel viejo banco solitario?

¿Te acuerdas de aquel parque oscuro?

¿Te acuerdas cuando simplemente decías TE QUIERO?

¿Te acuerdas de aquellos días en los que éramos felices y vivíamos sólo para el amor?

Di la verdad ¿Te acuerdas?

XLIX

Del brazo de nadie

Vamos del brazo de nadie.

A cada paso que damos la soledad es más grande.

-QUIÉN:

-¿Quién está en mí?

-¿Quién llora en este instante?

-¿Quién me cambia las horas?

-¿Quién me roba los goces y el aire?

-RECUERDO:

-Tacto fugaz, evanescente piel.

-Un amor agraz, un sabor a hiel.

-PARA QUÉ:

-Último trago si.

-Desierto el vaso.

-LÁGRIMAS.

-¿Quién me presta unas lágrimas

para el llanto de hoy?

-Hoy tengo que llorar, ya lloro, ya llueve.

-Dentro de mi hay demasiada agua

que me destruye el pensamiento,

que me hunde y me salva.

Darme lágrimas, lágrimas quiero.

Quiero llorar, morir; llorar de nuevo y no resucitar.

Mi vida está vacía, sin calor, sin comprensión, sin amigos, sin amor, sin razón para vivir.

Darme lágrimas, lágrimas quiero.

Quiero llorar, morir; llorar de nuevo y no resucitar.

L

Canto a la realidad

Su tu supieras Padre cuantas cosas han cambiado desde que eras joven.

Los pastores ya casi ni existen.

Los pobres somos más pobres.

No puedes ni comprar un hogar.

Aún te oigo recordar la vida cuando eras joven y sufro al pensar:

-¿Dónde vamos a llegar?

Aún te oigo comentar los recuerdos del ayer.

Cuando se era más pobre, pero se podía vivir en paz.

¿Qué nos pasará?

Es un canto a la realidad.

Es un canto a la fría y cruda realidad.

El rico cada día es más rico

y el pobre, evidentemente, más pobre.

El gobierno nos avasalla con impuestos denigrantes; mientras nosotros nos matamos a trabajar ellos se dedican a robarnos.

¿Dónde está Robin Hood?

No hay seguridad, ni en casa puedes estar en paz.

Ya no hay navidad, todo es un montaje de consumismo comercial, nada más.

Poeta del Desamor

Ya no creo en promesas que nadie cumplirá.

Cuando acabará este túnel al que no se le ve el final.

No tenemos trabajo. y quieren que nos dediquemos a comprar y a gastar.

¿Qué nos pasará?

¿A dónde vamos a llegar?

Y nada más.

LI

El

El nunca tuvo una familia.

Hijo del alcohol y la necesidad.

Hijo del dolor y la desesperación.

El jamás tuvo un hogar.

Siempre tuvo de cama el suelo.

Las estrellas y la luna su única compañía.

Ahora lo tiene todo si te tiene a ti.

El suelo es un colchón de plumas.

La luna y las estrellas le hacen aún más compañía.

Ya casi olvida a su padre alcohol, a su madre necesidad,

a su hermano dolor y a su hermana desesperación.

Porque aunque tuvo que mentir.

La única verdad es que te quiere sólo a ti.

Porque aunque tuvo que ocultar su identidad y su verdad,

la única verdad es que para él sólo existes tú.

LII

El y ella

El ahogaba sus penas en alcohol, gastaba vaqueros roídos y viejos, chupas de cuero eran su segunda piel, jerséis varias tallas más grandes usaba él; como calzado siempre unas sucias zapatillas y, de vez en cuando, mocasines negros.

Ella morena de pelo corto, piel suave y blanca, pantalones ajustados que realzaban sus suaves curvas, minifaldas, camisas de raso y negros jerséis, siempre con sus amigas.

El con ese aire de vagabundo desaliñado y sucio.

Ella se llamaba...y en su mismo barrio vivía; juntos se criaron y en silencio se amaron.

Se conocían desde niños, nadie la hacía caso. Y ahora que es toda una mujer, todos se pelean por ella; y él, en silencio, la amaba.

Esta es la historia de un amor imposible.

LIII

¿ Qué quieres que te diga?

¿Qué quieres que te diga?

¿De qué quieres que hablemos?

¿Qué quieres que te cuente?

¿Qué quieres que te diga?

Dices que no tengo sentido común, que no quiero crecer; pero a mí me gusta tener la cabeza llena de pajaritos que me traen mil ideas sin sentido y que revolotean en mi sin cesar.

¿Qué quieres que te diga?

¿De qué quieres que hablemos?

¿Qué quieres que te cuente?

¿Qué quieres que te diga?

Prefiero seguir creyendo que la vida es de color de rosa, que enfrentarme a la fría y cruda realidad.

Prefiero seguir creyendo en los Reyes Magos y Papá Noel.

Prefiero seguir creyendo en los niños que ríen sin cesar, ajenos a todo; que romper ese encanto, esa magia pensando en los problemas cotidianos.

Poeta del desamor

¿Que quieres que te diga?

¿De qué quieres que hablemos?

¿Qué quieres que te cuente?

¿Que quieres que te diga?

Prefiero ser feliz a agobiarme con los problemas cotidianos; casi siempre son idioteces, todo por sí solo se arreglará.

Prefiero no crecer, no quiero ser mayor, quiero seguir siendo un crio.

Quiero seguir teniendo la cabeza llena de pajaritos.

Quiero seguir siendo un niño.

Quiero quererte a ti; quiero tenerte a ti.

¿Qué quieres que te diga?

¿De qué quieres que hablemos?

¿Qué quieres que te cuente?

¿Qué quieres que te diga?

No quiero sentar la cabeza, no quiero ser mayor.

¿Qué quieres que te diga?

No quiero perderte amor.

No quiero ser formal, a no ser contigo.

No quiero pensar en nada, que no sea en nuestra relación.

¿Qué quieres que te diga?

¿Qué quieres que te cuente?

¿De qué quieres que hablemos?

¿Qué quieres que te diga?

LIV

Sensación azul

Hoy he perdido a mi primer amor.

La razón de mi existencia.

La vieja pasión de mi cansado corazón.

Hoy me he quedado sin ella.

Sin esa sensación azul, con la que tantas cosas aprendí.

Me enseño:

-A reír, a llorar, a sentir.

-A amar, a pensar, a vivir.

Vieja sensación azul con la que tantas cosas compartí:

- Alegrías, penas, tristezas, ilusiones, decepciones.

La fría y cruda realidad del desamor.

Sensación azul.

En ella me refugié, con ella mis penas y alegrías compartí,
con ella soñé, con ella sentí.

Y ahora estoy sin esa sensación azul.

Con ella expresé mis sentimientos y siempre confiaba a ella lo que
sentía.

Alguien a matarla llegó.

Sólo me dejó.

¿Como podré vivir sin esa pasión, sin esa sensación azul?

LV

La busca

Un susurro llega a mis oídos.

Se oye un grito sin canción.

Sobrevivirá nuestro destino.

Atravesaré cielos y montañas.

Al final te encontraré.

Estés donde estés...

Iré en tu busca.

Sobrevivirá nuestro destino.

Iré en tu busca...

LVI

Tengo miedo a que me dejes

...Y si te vas...

Como los pájaros en busca de otro nido;
me quedaré mirando tu manera de volar.
Escribiré versos en el aire.
Versos que la brisa se llevará.
Vuelve mi amor.
Porque donde vayas nadie te amará como te amo yo.

...Y si te vas...

Como las gacelas en busca de otro manantial.
Me quedaré mirando tu manera de corretear.
Escribiré versos que la corriente se llevará.

Vuelve amor.
Porque nunca nadie te amará como te amo yo.

LV

Canciones que rompen corazones

Canciones que hacen recordar,
Canciones que hacen pensar en tiempos mejores,
en viejos amores.
No sé lo que quiero.
Puede que, tal vez, escapar.
Quisiera irme lejos de este lugar.
Quisiera irme para no recordar.
Quisiera irme para no pensar en ti.
En ese bello, maravilloso y puro amor que nos unió.
Para no recordar que, de nuevo,
tengo el corazón dividido en dos.
Canciones que rompen corazones.
Bebo para olvidar, para no pensar.
Bebo para no recordar, para morir,
si no te tengo a ti.
Secretos inconfesables del alma
que se guardan en el corazón.
Canciones que rompen corazones.
Canciones que hacen pensar en tiempos mejores,
en viejos amores.
¡Que difícil es olvidar!

LVIII

Niebla

La niebla me envuelve.

Voy sólo por la fría y húmeda ciudad.

Estoy pensando en ti.

Recordando nuestro amor.

Y tú no estás aquí, junto a mí.

Paseo sin rumbo fijo ni dirección.

Echo en falta tu calor.

Echo de menos tus dulces besos, tu suave piel.

Vuelve pronto por favor.

La ciudad es más grande sin ti.

Mi vida está vacía sin ti.

Mi corazón está triste sin ti.

LIX

A ti

A ti que eres toda mi vida

Si alguna vez necesitas hablar yo, si no te importa, te podré escuchar.

Para ti que me enseñaste a vivir.

Si alguna vez necesitas un amigo, no te cortes, llámame;

que estaré en mi casa esperando tu llamada y te podré ayudar.

Para ti que me enseñaste a amar.

Estoy pensando que lo que ocurre no es culpa tuya sino mía;

porque el miedo a perderte me hace temblar y olvidar,

un poco, tus sentimientos.

A ti mi amor y sólo para ti.

Estoy seguro de tu amor, pero no sé como demostrarte

que te quiero, esa es la verdad.

Me enseñaste a amar y a luchar por lo que de verdad

se quiere sin rendirse ante el mas mínimo obstáculo.

Te estoy queriendo tanto que me distraigo, me sale todo

al revés, no me sale ni un sólo verso que rime.

Te necesito.

LX

Hijo de nadie

No tuviste infancia, no tuviste niñez,

desde pequeño hombre fuiste.

Creciste rodeado del mundo real, sin fantasías,

en la cruda y fría realidad.

No tuviste niñez, ni tierna infancia.

Desde pequeño la vida se cebó contigo,

Y te enfrentó a este mundo con una única arma TÚ.

Ahora que has crecido te has dado cuenta

de que algo te falta; de que tu existencia está vacía,

de que en la cadena de tu existencia te falta un eslabón,

la infancia.

Esa infancia que no podrás vivir, porque ya es tarde para ti.

Hijo de Nadie, hijo del amor.

Hijo de la noche, hijo del odio.

Hijo del frenesí, hijo de la pasión.

Fuiste el fruto de una noche de lujuria, amor, sexo, frenesí.

Eres puro y a nadie le debes no haber sido feliz.

Eres puro y a nadie le debes reprochar no haber conocido

a tus padres.

Poeta del desamor

A nadie le debes lo que eres.

Eres genial, sin ambición, sin dolor.

No cambies nunca Hijo de Nadie.

LXI

Sin lágrimas

Su cara refleja el dolor de su alma.

Otra vez le han partido en mil pedazos el corazón.

Con la cabeza agachada, la mirada perdida mirando mas allá de lo que ve.

Se dirige al encuentro de su amigo el alcohol, cogerá su viejo coche y rodará cerca de la muerte, cerca del infierno, cerca del final; una canción suena en la radio y el estribillo le acaba por destrozar:

-"Pero cuando se aprende a llorar por algo, también se aprende a defenderlo"...

A la mañana siguiente, al despertar, con la resaca secándole la garganta; la cabeza a punto de estallar y sin lágrimas en los ojos (Todas las ha vertido ya), sus ojos secos ya de tanto llorar.

Sin lágrimas...Sin lágrimas...Sin lágrimas...

LXII

Érase una vez

Érase una vez un hombre sin amor.

Érase una vez un hombre sin coraje.

Érase una vez un hombre desolado.

Érase una vez un hombre desafortunado.

Que jamás conoció el amor.

Jamás tuvo alguien a su lado, ni amigos, ni padres, ni mujeres.

Todos le daban de lado.

Érase una vez un hombre solo.

Érase una vez un hombre infeliz.

Jamás conoció la amistad.

LXIII

Dando la nota

La naturaleza se equivocó contigo.

Pelos lilas, verdes, rojos, amarillos, azules...

Uñas pintadas de negro, carmín en los labios.

Colorete en tus mejillas.

Un tipo bastante extraño.

Jerséis de dibujos abstractos llevas tú.

Siempre soñaste con tener un deportivo de color rosa y

lunares verdes... fosforitos.

Dando la nota.

Así vives tú.

Dando la nota.

Así eres feliz.

Dando la nota.

Que la gente se vuelva al pasar,

que comenten que tú vas:

-¡DANDO LA NOTA!

Corbatas extravagantes te pones con la ropa de sport.

El esmoquin te lo pones para ir a currar.

Pantalones estrafalarios usas tú.

Pajaritas de lunares adornan tus camisas de encaje.   102

Americanas de rayas y cuadros completan tu vestuario.

Siete estrámboticos pendientes adornan tus orejas.

Dando la nota.

Así vives tú.

Dando la nota.

Así eres feliz.

Dando la nota.

Que la gente se vuelva al pasar,

que comenten que tú vas:

-¡DANDO LA NOTA!

Pero así eres feliz.

Esta noche saldrás a recorrer la ciudad.

Irás a esos antros que tu frecuentas.

La gente se volverá al pasar

y comentaran que tu vas...

-¡DANDO LA NOTA!

PERO ASÍ ERES FELIZ.

LXIV

Hipocresía

No me gusta la hipocresía que hay en este mundo.

Odio la hipocresía que hay en esta vida.

Tantos regalos por los cumpleaños, la navidad y los aniversarios.

No me gusta la hipocresía.

No me gustan los seres que regalan porque sean

"Fechas especiales".

Odio la hipocresía.

LXV

Fin de año

Era un 31 de Diciembre, da lo mismo de que año, pues todos son iguales.

Teóricamente el día más feliz del año.

Nadie le llamaba, nadie le miraba por la calle.

Iba a los bares y de paseo, nadie se fijaba en el, nadie lo miraba.

Simple y llanamente está solo en este mundo.

Es invisible a la humanidad.

LXVI

He de triunfar

Me sorprendió la mañana, me sorprendió.

El sol entró por mi ventana, me sorprendió,

Y yo aquí con mi sueños me desperté.

Si no desmayo en mi empeño los lograré.

Muchos años han pasado

y por todos los que quiero lucharé hasta el final.

No daré lugar al miedo.

Cada uno de mis sueños con afán voy a lograr.

No dejaré que nadie me robe los sueños.

No dejaré que nadie me quite el deseo.

Pase lo que pase no he de darme por vencida.

Sigo la luz que siempre me guía.

He de triunfar, yo venceré, voy a llegar, lo lograré.

Poeta del desamor

Yo tengo fe, se que puedo, yo tengo fe.

Tras el caudal de mis sueños yo seguiré.

Por el tanque hacia la cima podré llegar.

Voy a seguir día tras día hasta el final.

No daré lugar al miedo.

Cada uno de mis sueños con afán voy a lograr.

Muchos años han pasado

y por todos los que quiero lucharé hasta el final.

No daré lugar al miedo.

Cada uno de mis sueños con afán voy a lograr.

No dejaré que nadie me robe los sueños.

No dejaré que nadie me quite el deseo.

Pase lo que pase no he de darme por vencida.

Sigo la luz que siempre me guía.

He de triunfar, (He de triunfar), yo venceré, (Yo venceré),

voy a llegar, lo lograré...

ESTE " POEMA" ESTÁ ESCRITO POR MÓNICA LA OSA BURGUEÑO, MI
MUJER

TERCERA PARTE

CUENTOS

POR LLAMARLOS DE ALGUNA MANERA

El dolor, el desamor

Caminando de noche, sólo para no variar, se dio cuenta que, de nuevo, tenía el corazón dividido en dos.

El amor lo había vuelto a abandonar.

Sentía, en lo más hondo de su ser, el dolor, el desamor.

El que creía que había encontrado el amor verdadero, se dio cuenta que, como siempre, le habían abandonado.

El dolor llama a su puerta; las lágrimas brotan de sus ojos.

El amor lo abandonó.

Otra vez, por enésima vez, le partieron el corazón, le robaron la razón.

Paseando de noche, como siempre sólo, pensando en su mala suerte.

¿Por qué jamás encontrará el amor verdadero y duradero?

Por enésima vez le habían vuelto a abandonar, le habían partido el corazón en dos.

Otra vez, de nuevo, está solo en este mísero mundo.

Erase una vez un hombre sin amor, sin felicidad.

Erase una vez un hombre sin honor.

Luis M. Cañeque

Los cinco niños

El reloj del salón dio sonoramente las cinco.

Se oyeron pasos por el corredor.

Los cinco niños bajaron corriendo las escaleras.

El mayordomo al oír ruido se fue hacia el salón y oyó como se cerraba estrepitosamente la puerta de la calle.

El mayordomo se preguntó:

-¿Qué hacían esos niños ahí?

San Sebastián de los Reyes

4 de Enero de 1975

Noche tras noche

Vuelvo a casa, como cada noche nadie me esperará; entro muy despacio en mi habitación y observo el lecho vacío; salgo de allí y me voy hacia el salón, en ese lugar todo se ve solo y frío; apago la luz y me dirijo al comedor, allí aún están los platos, vasos y cubiertos de la comida, ya los recogeré. Salgo y me encamino hasta la cocina todo en orden y limpio, de ahí al servicio, las toallas en su sitio, las alfombrillas azules, un poco desgastadas y descolocadas, pero da igual; salgo a la terraza y observo la noche, miro atentamente la ciudad dormida. Vuelvo a mi dormitorio, y sigo viendo el lecho vacío, cojo la cazadora, cierro la puerta de mi apartamento, bajo las escaleras, salgo del portal miro hacia la terraza vacía y oscura y me digo:

-Otra noche más sólo.

-Esto no debe durar.

Abro la portezuela de mi viejo Ford Fiesta, arranco y salgo a toda velocidad, rápidamente cruzo la vacía y oscura ciudad, de repente me pregunto:

-¿Hacia donde voy?

Doy la vuelta, aparco y vuelvo a subir a mi frío y vacío apartamento y subo las escaleras, al entrar el teléfono empieza a sonar...

...Y sigue sonando, sonando...

...Y así una noche tras otra...

24 / XII / 1999

La secta

Paseaba por la calle Bravo Murillo de Madrid y, sin querer, entré en un garito; había allí gente muy extraña hablando de Dioses y Religiones extrañas para mí.

Sin darme cuenta me quedé como hipnotizado y no me apetecía salir.

Cuando quise hacerlo, no me dejaron.

Al intentar abrir la puerta, no se de donde venían, oía ulular balas sobre mi cabeza.

En ese momento vi pasar todo mi vida por mi mente.

Vertiginosamente vi desde mi nacimiento hasta ese momento en el que crucé la puerta de ese garito.

Un montón de hombres vestidos con túnicas negras y armados con pistolas y ametralladoras iban detrás mía y yo no encontraba la salida; ni donde resguardarme, de lo que me venía encima; ni tampoco podía hacerles frente.

Me escabullí por una puerta y miré por donde estaba la salida. ¡Mi salvación! Pensé; pero aún así, al salir de allí, aún sonaban disparos por todos lados.

- "Este es el fin" me dije a mí mismo; no tenía escapatoria...

...De repente sonó el despertador...

...Menos mal que fue un sueño...

...¿O no?...

Alcohol y desahogo

Era un tipo bastante extraño, me lo encontré la otra noche en un antro moderno; su imagen me pareció demasiado sicodélica, entre tantas luces de colores parpadeantes, tanto humo, tanta cerveza, tanto cubata de ron y tantas ráfagas de luz.

No se como, ni cuando, ni en que momento entablamos conversación; pero el hecho, es que cuando quise darme cuenta, estábamos sentados en una mesa tomando mezclas explosivas y él contándome cosa de su vida.

Me contó, por ejemplo, que la soledad durante toda su vida fue su única compañía.

Me contó que había dejado su trabajo en un gesto de menosprecio a su vida.

Me contó tantas cosas, que es imposible recordar.

Tampoco recuerdo como, pero sin darme cuenta, caí en la ídem, de que estaba allí sentado solo y, al parecer, hablando con una botella semivacía que creo que ni me escuchaba.

A la mañana siguiente me hallé en mi habitación, con una resaca increíble y sin poder recordar que había pasado aquella noche.

El tiempo fue pasando, hasta que otra noche en otro lugar me volví a encontrar a ese tipo tan raro, que ni siquiera me reconoció.

Pero según iba pasando la noche empezamos a hablar sobre cosas sin sentido; hasta que, de nuevo, ayudado por el influjo del alcohol y por aquella atmósfera tan viciada me empezó, de nuevo, a contar cosas de su infancia.

Con el paso del tiempo, llegamos a entablar amistad, siempre en los suaves brazos del alcohol.

Hasta que una noche en un local de vicio y perversión, siempre embriagado por el alcohol, me lo encontré de nuevo. Esta vez nuestra conversación fue tan fuerte e íntima, que en aquel estado de embriaguez total e influido por el alcohol, el tabaco y la melancolía que me dominaba, me di cuenta de que aquel tipo tan raro que me contaba su vida por entregas, que aparecía y desaparecía de aquella manera tan extraña, aquel tipo tan idéntico a mí...

...Era yo mismo que llevado por la depresión, la rutina, la melancolía, el "Lo que pudo haber sido y no fue"...

Influido por tanto martini, tanta cerveza, y tantas cosa raras que me metía en el cuerpo, llegué a inventarme a mi amigo imaginario que era una fotocopia de mi mismo; que me ayudaba a desahogarme hablando por su boca.

Porque aquel tipo tan raro era yo.

No volveré a beber más alcohol.

Catástrofe nuclear

La otra mañana me encontraba leyendo el periódico.

En la portada venía la noticia de la catástrofe nuclear de Chernóbil.

Mi hijo me preguntó:

-¿Qué es una catástrofe nuclear?

Yo no supe que contestar. Sólo le dije que la energía nuclear es mala, que es dañina para el medio ambiente, destroza la naturaleza, que mata a los animales y a las personas.

El pobrecito se me quedó mirando y me preguntó:

-¿Qué es todo eso que me has dicho?. No he entendido nada.

-¿Me lo puedes repetir?

Me lo quedé mirando y no sabía que contestarle.

Menos mal que entró mi mujer y nos llamó para desayunar.

¡Uf! Salvado por la campana, pensé.

Cuando sea mayor se lo contaré y que él tome sus propias decisiones y sepa lo dañina que es la energía nuclear.

El anciano

Un pitillo apagado en los labios, la boina calada, los ojos cansados, fijos en el suelo, sentado en el quicio de la puerta, en la mano temblorosa una rama de avellano; repasando su larga y dura vida, recordando su ya lejana juventud.

Mirando el tiempo pasar, viendo la vida pasar.

Tantos sueños sin cumplir, tantas rotas ilusiones, tanta gente que se fue para no volver....

Sintiendo como se le va la vida.

Sentado viendo la lluvia caer, el tiempo pasar resolviendo un crucigrama, un cigarrillo en los labios o leyendo un libro.

Siempre está de la misma manera solo.

Sentado en un viejo banco, viendo la lluvia caer, viendo el tiempo pasar.

Recuerdos de su triste pasado.

Notando como tu gente te va apartando, te va alejando de su vida.

Historia sin Sentido

Alguien, solo y diferente

Nació diferente un mes otoñal y gélido, marcado por la desgracia; concretamente el 8 de Octubre de 1969.

Desde que nació todo fueron desgracias y mala suerte.

Al poco de nacer su "madre", por llamarla de alguna manera, se fue de casa abandonando a su marido por otro llevándose a su hermana mayor y a él.

El primer año lo pasó comiendo entre cubos de basura y sin tener ningún cuidado por parte de su"madre", por decir algo.

Tenía el cuerpo lleno de mataduras de garrapatas y piojos.

Pasado ese primer año, su"madre", si es que esa es la palabra para describir a un ser sin alma; le abandonó entre dos cubos de basura en la obra que vigilaba su padre por las noches, gracias a un amigo de su padre que vio moverse algo entre los cubos y le avisó, si no habría acabado sus días como los empezó entre la basura.

Su padre lo recogió y se lo llevó a una vecina, que se llama Juana, para que le curara y que su abuela María Luisa no le viera en ese estado.

Tenía un miedo atroz a la oscuridad, a quedarse solo; se tiraba a comer, por inercia, a cualquier cubo de basura y todo lo que hubiera por el suelo.

Cuando su padre le llevó a su casa, su Abuela, hizo las veces de la madre que jamás tuvo.

Desde entonces su vida estuvo marcada para siempre por la infancia que jamás tuvo.

Al pasar los años y con muchos esfuerzos y apuros fue al colegio y estudió.

Era aplicado y le gustaba estudiar, sobre todo literatura, leer y escribir mucho fue siempre su gran pasión, así se olvidaba de los problemas y de todo lo que le rodeaba.

Al llegar a los doce años de su penosa vida, su querida madre (Madre no es la que te pare, si no la que te cuida y te cría), se marchó de esta vida y la perdió para siempre.

A partir de ahí siguieron los problemas y las desgracias, para no variar.

A su amado padre y a él los separaron durante una año; uno se fue a vivir con su hermana Mari a San Blas, un barrio de Madrid; al otro se lo llevaron a la fuerza a Almería con una tía llamada Rosi.

Aparentaba ser como los otros niños, jugaba al fútbol, las chapas, el peón...

...Pero en el fondo de su corazón, tenía envidia sana de los otros niños que tenían a sus padres.

Al pasar ese maldito año, se volvieron a unir el padre y el hijo...

...Y siguieron juntos pasando ratos felices, tristes, alegrías, penurias...

Hasta que llegó el fatal día que también perdió a su padre.

A Jesús, su padre, que era un poco minusválido, le gustaba mucho leer novelas del oeste y algún libro de los míos, cocinar, cantar flamenco (Con muy buena voz y muy bonita, por cierto), jamás se metía con nadie. Salía por las tardes a jugar al mus con sus amigos, era muy manitas, siempre se entretenía haciendo cosas...

Y siguieron las desgracias, para no variar.

Como todos los humanos conoció el amor y el desamor, más lo segundo.

Siempre se refugiaba en la lectura y la escritura, porque así se olvidaba de sus penurias y problemas.

Al cabo de muchos años conoció la felicidad.

Conoció al amor verdadero.

Se casó con Mónica, tuvieron un hijo y formaron un hogar.

Al final la vida se le enderezó un poco...

...De momento...

Luís M. Cañeque

En San Sebastián de los Reyes

Algún día de algún año

Epílogo

Deseo que los que lo habéis leído os haya gustado, tanto como a mi escribirlo.

Me comentaron que mis versos y estilo es muy parecido a Mario

Benedetti.

Os dejo algunos comentarios que hicieron los que leyeron el borrador:

-*Poemas del alma* es una antología comprometida, sensible e inteligente, compuesta por un buen número de textos en prosa reflexiva y algunos poemas. Están especialmente presentes temas como la reflexión existencial, la problemática de las relaciones humanas, y el amor.
Destaca especialmente por su lenguaje sencillo, cotidiano y vital..
Muy recomendable.

-Poesía íntima y personal que fluya a través del texto que se nutre de mis experiencias personales.

-Según una amiga el libro es muy recomendable, preciosas palabras, preciosos versos.

No soy lo que escribo, soy lo que tu sientes al leerme.

Soy demasiado tímido por eso me desfogo escribiendo y leyendo, es el único refugio que tengo para olvidarme de los problemas cotidianos.

Luis Mariano Cañegue

ÍNDICE

Primera parte:

Poemas del alma

El deseo.

Tercera Parte:

Cuentos (Por llamarlos de alguna manera)

Historia sin sentido.

Me presento:

Me llamo Luis Mariano Cañeque.

Nacido y criado en San Sebastián de los Reyes

Domiciliado en:

San Sebastián de los Reyes

Madrid

Mi correo electrónico de contacto:

poetadeldesamor@gmail.com

Mi teléfono de contacto: 613759278

Desde que tengo uso de razón vivo enganchado a la lectura y la escritura.

Mis gustos de lectura van desde Pío Baroja, hasta Stephen King, me encantan los libros clásicos; novela negra; intriga, histórica y terror.

Principalmente escribo para mí.

Estudié EGB Y FP1 Rama electricidad.

Actualmente trabajo en una empresa de alquiler de maquinaria.

Anteriormente auto publiqué un libro de poemas y relatos cortos.

En lo personal estoy felizmente casado y tengo un hijo.

Luis M. Cañeque